AF347488

LISTE
DES MEMBRES
DE LA
SOCIÉTÉ HELVÉTIQUE
POUR LES
SCIENCES NATURELLES.

EXTRAITS DU PROTOCOLE
DES
SÉANCES DE LA SOCIÉTÉ.

RÈGLEMENT
POUR LES
ARCHIVES CENTRALES.

PREMIER INVENTAIRE
DE CES ARCHIVES.

Imprimé par ordre de la Société.

BASLE, 1821.

I. Verzeichnifs der Mitglieder.

Canton Aargau.

Herr **A m m a n n**, Med. Dr. , Bezirksarzt in
Büntzen. (Praktische Arzneykunde.)   1817
— **B a u h o f**, Vorsteher einer chemischen Fa-
brick, in Aarau. (Chemie.)   1816
— **F e h r**, Med. Dr. in Aarau. (Praktische
Arzneykunde.)   1817
— **H a g e n a u e r**, Joh. Jak. V D. M. Director
der Secondär-Schule in Zofingen. (Mine-
ralogie, Entomologie.)   1819
— **H a u s e r**, Med. Dr., von Leuggern. (Prak-
tische Arzneykunde.)   1817
— **H e r r o s é**, Fabrikant in Aarau. (Physik,
Chemie.)   1817
— **H e r z o g**, Sohn, Kaufmann in Aarau.
(Physik, Mechanik.)   1817
— **I m h o f**, Med. Dr. in Aarau. (Praktische
Arzneykunde.)   1816
— **K e s e r**, Bauinspektor in Aarau. (Mathe-
matik.)   1817
— **L a u e**, Fabrikant in Wildegg. (Chemie)   1817

Herr Meyer, Joh. Rudolph, Med. Dr. Prof.
der Naturgeschichte, in Aarau. (Mineralogie.) - 1816

— Meyer, Gottlieb, Fabrikant, in Aarau.
(Chemie.) 1816

— Müller, Pfarrer in Olsberg. (Botanik.) 1817

— Rengger, Med. Dr., gewesener Regierungsrath, von Brugg. (Praktische Arzneykunde.) 1815

— Rengger, Joh. Rudolph, Med. Dr. in
Aarau. (Entomologie.) 1818

— Ruepp, Med. Dr. in Sarmenstorf. (Botanik.) 1817

— Schmutziger, Med. Dr. in Aarau. (Praktische Arzneykunde.) 1817

— Straufs, Strafsenbau-Inspector in Aarau.
(Mathematik.) 1817

— Schmiel, Regierungsrath, in Aarau.
(Mathematik.) 1817

— Schoch, Med. Dr. Lenzburg. (Praktische Arzneykunde.) 1817

— Vok, Med. Dr. von Sarmenstorf. (Praktische Arzneykunde.) 1817

— Wanger, Helfer in Aarau. (Mineralogie.) 1816

— Wydler, Ferdinand, Apotheker in Aarau.
(Chemie.) 1817

— Zimmermann, Abraham, in Aarau.
(Botanik.) 1817

— Zschokke, Forstrath in Aarau. (Physik
und Forstbotanik.) 1816

Canton Appenzell.

Herr **Bischofberger**, Joseph Anton, von Appenzell, Med. Dr. und Landammann der
innern Rhoden. (Praktische Arzneykunde.) 1815

— **Frey**, Joh. Jakob, von Herisau, Pfarrer
im Sckönengrund. (Physik.) 1817

— **Hautly**, Joh. Nepomuk, Med. Dr. von
Appenzell. (Praktische Arzneykunde.) 1817

— **Oertli**, Mathias, von Teuffen, Med. Dr.
und Landammann. (Praktische Arzneykunde.) 1817

— **Schäfer**, Joh. Conrad, Rathschreiber,
von Herisau. (Agrikultur.) 1817

— **Schläpfer**, Joh. Georg, Med. Dr. und
des Raths, von Trogen. (Zoologie.) 1817

— **Tobler**, Conrad, im Speicher, Landseckel-
meister und Stifter der Waisenanstalt auf
Heiden. (Agrikultur.) 1817

— **Zellweger**, Joh. Caspar, von Trogen.
(Agrikultur und Physik.) 1820

Canton Basel.

Herr **Bernoulli**, Hieronimus, Präsident des
Stadtraths. (Naturgeschichte.) 1816

— **Bernoulli**, Christoph, Professor der
Naturgeschichte und Technologie. (Physik,
Mineralogie und Technologie.) 1816

— **Burkhardt**, Joh. Rudolf, Med. Dr. und
Professor. (Praktische Arzneykunde.) 1817

Herr Buxtorf, Joh. Rudolf, Med. Dr. (Prak-
tische Arzneykunde.)   1817
— Falkner, Ludwig, Med. Dr. (Physik
und praktische Arzneykunde.)   1817
— Hagenbach, Carl Friedrich, Med. Dr.
(Praktische Arzneykunde und Botanik.) 1816
— Hagenbach, Jacob. (Entomologie)   1821
— Hanhart, Rudolf, Rector des Gymna-
sium. (Naturgeschichte überhaupt.)   1821
— Huber, Daniel, Prof. der Mathematik,
Präsident der Gesellschaft im Jahr 1821.
(Physik und Astronomie.)   1816
— Iselin, Isaac, Fabrikant. (Chemie,
Technologie.)   1821
— Laroche, German, Deputat. (Physik.) 1817
— Merian, Peter, Prof. der Physik und
Chemie. (Physik, Chemie und Geognosie.) 1817
— Merian, Andreas, Ingenieur. (Physik.) 1821
— Mieg, Joh. Jac. Med. Dr. (Heilkunde
und Naturgeschichte.)   1821
— Münch, Joh. Caspar, Med. Dr. (Heil-
kunde und Naturgeschichte.)   1821
— Obermeyer, Burkhardt, Apotheker.
(Chemie.)   1820
— Rumpf, Samuel, Pfarrer zu Prattelen.
(Naturgeschichte.)   1821
— Stehlin, Hans Georg, Staatsrath. (Phy-
sik, Geognosie.)   1821
— Stückelberger, Jakob, Med. Dr. (Prak-
tische Arzneykunde.)   1816

Herr Stückelberger, Joh. Rud., Med. Dr.
(Praktische Arzneykunde.) 1817
— Uebelin, Joh. Jakob, Helfer bey St.
Theodor. (Botanik.) 1821
— Wenk, Martin, Lederfabrikant. (Mine-
ralogie.) 1817
— Wick, Caspar, Med. Dr. (Praktische
Arzneykunde und Chemie.) 1816
— Wolleb, Med. Dr. und Professor. (Bo-
tanik und Entomologie.) 1816

Canton Bern.

Herr Benoit, Gottlieb, Med. Dr. in Bern.
(Praktische Arzneykunde.) 1816
— Benteli, Schaffner in Thorberg. (Ento-
mologie.) 1821
— Brunner, Samuel, Med. Dr. in Bern.
(Praktische Arzneykunde.) 1816
— Brunner, Carl, Apotheker in Bern. (Bo-
tanik.) 1816
— Fellenberg, Emanuel von, in Hofwyl.
(Agrikultur.) 1816
— Fueter, Carl, Apotheker in Bern. (Che-
mie.) 1816
— Fueter, Emanuel, Negociant in Bern.
(Meteorologie.) 1816
— Grafenried, Rudolf Emanuel von Trach-
selwald, Oberförster in Bern. (Forstbo-
tanik.) 1816

Herr Gruber, Franz, Oberförster in Bern.
(Forstbotanik.)   1816
— Gruner, Gottlieb, Pfarrer zu Zimmer-
wald. (Agrikultur.)   1816
— Haller, Albrecht von, Oberamtmann von
Interlachen. (Botanik.)   1816
— Jäggi, Pfarrer in Krauchthal. (Entomo-
logie.)   1821
— Isenschmid, Rudolf, Dr. Med. et Chi-
rurg. in Bern. (Praktische Arzneykunde.) 1816
— Ith, Rudolf, Med. Dr. und Prof. in Bern.
(Arzneykunde.)   1820
— Kasthofer, Carl, Oberförster in Unter-
seen. (Forstbotanik.)   1816
— König, Friedrich, Helfer am grofsen
Münster in Bern. (Entomologie.)   1816
— Lehmann, Samuel, Landarzt zu Muri.
(Physische Arzneykunde.)   1820
— Lüthard, Friedrich, Dr. Juris in Bern.
(Physik.)   1816
— Lutz, Friedrich, Med. Dr. in Bern. (Prak-
tische Arzneykunde.)   1816
— Manuel, Rudolf Gabriel von, Mitglied
des grofsen Raths. (Mineralogie.)   1816
— Meisner, Friedrich, Professor der Natur-
geschichte in Bern. (Naturgeschichte.) 1815
— Meisner, Friedrich, Sohn. (Naturgesch.) 1820
— Müller, Eman. Gottlieb, Strafsen-Inspek-
tor in Bern. (Entomologie.)   1817
— Müller, Rudolf, Pfarrer in Grindelwald.
(Entomologie.)   1817

Herr Pagenstecher, Friedrich, Apotheker
in Bern. (Chemie.)   1816
— Rätzer, Rudolf, Pfarrer zu Sanen. (En-
tomologie)   1817
— Rickli, Carl, Hospital-Prediger in Bern.
(Mineralogie.)   1817
— Schärer, Ludwig Emanuel, Waisenvater.
(Botanik.)   1815
— Schenk, Christ., Mechaniker in Bern.   1820
— Schenk, Ulrich, der jüngere, Verferti-
ger von physischen und astronomischen
Instrumenten.   1820
— Schnell, Emanuel, Med. Dr. in Burg-
dorf. (Physiologie)   1816
— Schüppach, David, Med. Dr., gegen-
wärtig in Münsingen. (Praktische Arzney-
kunde.)   1819
— Stettler, Carl Gottlieb, Oberst, Direktor
der Salpetersiederey in Bern. (Botanik und
Entomologie.)   1816
— Straub, Med. Dr. von St. Gallen. Lehrer
in Hofwyl. (Chemie.)   1816
— Streuber, Carl Willhelm, Apotheker in
Burgdorf. (Chemie.)   1817
— Studer, Samuel Emanuel, Professor der
Theologie in Bern. (Entomologie, Conchy-
liologie.)   1815
— Studer, Friedrich. Apotheker in Bern.
(Botanik, Pharmacie.)   1816
— Studer, Samuel, Pfarrer zu Erlenbach.
(Botanik.)   1816

Herr S t u d e r , Bernhard, Lehrer der Mathematik
in Bern. (Physik , Geognosie.) 1815
— S u t e r , Joh. Rudolf, Med. Dr. Professor
in Bern. (Botanik.) 1816
— T a v e l , Albrecht von , Oberförster in Bern.
(Forstbotanik.) 1816
— T r a c h s e l , Caspar, von Rüeggisberg,
Landarzt. (Botanik.) 1820
— T r e c h s e l , Friedrich, Professor der Ma-
thematik und Physik in Bern. (Physik.) 1815
— T r i b o l e t , Albrecht, Med. Dr. in Bern.
(Arzneykunde.) 1820
— T r o g , Jakob Gabriel, Apotheker in Thun.
(Botanik.) 1816
— T s c h a r n e r , Carl Ludwig, Oberamtmann
in Burgdorf, und Bergrath. (Mineralogie
und Geognosie.) 1816
— V e r d a t , Med. Dr. in Delsperg. (Entomo-
logie.) 1816
— V o l l m a r , Ernst, Lehrer der Mathematik
in Bern. 1821
— W a t t , Strafsen - Inspektor in Delsperg.
(Botanik , Petrefactenkunde.) 1816
— W y f s , Joh. Rudolf, Professor der Philo-
sophie in Bern. (Philosophie der Natur-
geschichte.) 1816
— W y f s , Emanuel , Pflanzenzeichner in
Bern. (Ornithologie, Botanik.) 1817
— W y t t e n b a c h , Jakob Samuel, Pfarrer
zum heil. Geist in Bern, Präsident der

Erwählt

Geseilschaft für 1816. (Naturgeschichte
überhaupt.)   1815
Herr Wittenbach, Rudolf, Dr. Med. et
Chirurg. in Bern. (Botanik, Anatomie.)   1816
— Zehnder, Friedrich, Lehrer in Gottstadt.
(Botanik.)   1816

Canton Freyburg.

Mr. Bourquenoud de Charmey, conseiller-
d'état. (Botanique.)   1816
— Eglise (d') Med. Doct. à Chatel St. Denis. 1818
— Fontaine, Aloyse, chanoine. (Histoire
naturelle générale.)   1815
— Girard, Grégoire, père cordelier. (Phy-
sique.)   1817
— Luthy, Pharmacien à Fribourg.   1818
— Odet, Jean, préfet de Gruyère. (Agri-
culture.)   1817

Canton Genf.

Mr. Bacle, ancien capitaine de housards.
(Ornithologie.)   1817
— Bellot, Pierre François, Professeur. (Sta-
tistique.)   1820
— Berger, docteur en médecine.(Géognosie.) 1815
— Boissier, recteur de l'académie. (Miné-
ralogie)   1815
— Bonstetten de Valleires, ancien
baillif. (Histoire naturelle.)   1815

Mr. Candolle (de) prof. de botanique. (Botanique.)   1815

— Candolle (de) le cadet, banquier, trésorier de la société. (Botanique.)   1820

— Choissy, Jaques Denis, fils (Botanique.)   1820

— Coindet, Jean François, doct. med.   1820

— Coindet, fils, doct. med   1821

— Colladon, pharmacien. (Botanique et chimie.)   1815

— Colladon, Frédéric, fils, doct. med. (Botanique.)   1821

— Duby, fils. (Botanique.)   1819

— Dufour, Guillaume Henri, lieut.-colonel. (Mécanique.)   1820

— Dumas, pharmacien.   1821

— Dumons, Pierre Etienne. (Statistique et agriculture)   1820

— Gautier, Jean-Alfred. (Astronomie.)   1818

— Gosse, docteur en médecine. (Histoire naturelle)   1817

— Huber-Burnand. (Entomologie.)   1815

— Huber-Lullin. (Entomologie.)   1815

— Linder, Jean Jaques Henri, garde du musée de Genève. (Ornithologie.)   1820

— Luc (de) Jean-André. (Minéralogie.)   1815

— Macaire, Isaac. (Entomologie.)   1820

— Macaire, Isaac, fils. (Minéralogie.)   1819

— Marcet, docteur en médecine (Chimie.)   1815

— Maunoir, l'aîné, professeur d'anatomie. (Anatomie.)   1815

Mr. Maunoir, le cadet, professeur en chirür-
gie. (Anatomie.)   1817
— Maurice, Frédéric, professeur de méca-
nique analytique.   1815
— Mayor, docteur en chirurgie. (Anatomie.
Histoire naturelle.)   1815
— Micheli, lieut.-général. (Botanique.)   1815
— Moricand, négociant. (Minéralogie,
Botanique.)   1817
— Necker de Saussure, le père, Syndic.
(Botanique.)   1815
— Necker, le fils, professeur de minéralogie.
(Ornithologie, Géologie.)   1815
— Olivet, François, doct. en chirurgie.   1820
— Peschier, Jaques, pharmacien. (Chimie
analytique.)   1817
— Peschier, Jean, doct. en méd.   1820
— Picot, professeur de théologie. (Astro-
nomie.)   1816
— Pictet-Turretini, M. A., professeur
de physique, président de la société pour
l'an 1820. (Physique.)   1815
— Pictet-Barraban, professeur honor. de
physique. (Physique.)   1815
— Pictet de Rochemont, Charles, conseiller d'état. (Agriculture.)   1817
— Pictet, (Adolph fils de Charles.) (Botanique.)   1819
— Prevost-Marcet, professeur de philosophie. (Physique.)   1815

Mr. **Prevost-Duval**, Auguste. (Insecto-
logie.)   1820
— **Prevost-Moultou**, Jean-Louis, doct.
med. (Médecine.)   1820
— **Rive-** (de la) **Boissier**, professeur.
(Chimie.)   1815
— **Royer**, pharmacien.   1821
— **Saussure**, (de) Théodore, professeur
de chimie. (Chimie.)   1815
— **Schmidt-Meyer**, syndic. (Agriculture.) 1820
— **Selligue**, mécanicien. (Physique et opti-
que.)   1818
— **Seringe**, Nicolas-Charles. (Botanique.) 1815
— **Siordet**, régent au collège. (Entomologie.) 1821
— **Soret**, théologien. (Minéralogie.) 1815
— **Vaucher**, ministre, professeur en théolo-
gie. (Botanique.)   1815
— **Vaucher**, fils, ministre. (Minéralogie.) 1819

Canton Glarus.

Herr **Blumer**, Othmar, Med. Dr., von Glarus.
(Praktische Arzneykunde.)   1819
— **Streif**, M. D. (Heilkunde und Botanik.) 1821

Canton Graubündten.

Herr **Amstein**, Rudolf, von Zitzers. (Ento-
mologie.)   1819
— **Pohl**, Pfarrer zu Luzein im Prettigau.
(Entomologie.)   1817

Herr **Salis**, Baptist von, Landammann. (Geognostik.) 1821
— **Salis-Soglio**, Pierre de. 1819

Canton Luzern.

Herr **Attenhofer**, Med. Dr., kaiserl. russischer Hofrath in Sursee. (Praktische Arzneykunde) 1817
— **Elmiger**, Joseph, Med. Dr. in Luzern (Botanik.) 1817
— **Richlin**, Franz, Med. Dr., Amtsphysikus in Luzern. (Praktische Arzneykunde.) 1817
— **Troxler**, Med. Dr. von Münster. (Anthropologie.) 1816

Canton Neuenburg.

Mr. **Benoit**, au pont de Martel. (Botanique.) 1821
— **de Buren**, à Vaumarcus. (Botanique.) 1816
— **Castella**, doct. med. de Fribourg. 1830
— **de Chaillet**, ancien capitaine à Neuchâtel. (Botanique.) 1815
— **Coullon**, négociant à Neuchâtel. (Botanique.) 1815
— **de Gelieu**, ministre. (Insectologie.) 1820
— **Osterwald**. (Histoire naturelle.) 1820
— **Perrot-Droz**, à Neuchâtel. (Ichthyologie.) 1816

Canton Schaffhausen.

Herr Fischer, Joh. Conrad, Rathsherr und
Oberstlieutenant der Artillerie. (Techno-
logie.)   1817
— Stierlin, G. M., von Bohnenberg, in
Schaffhausen. (Mineralogie.)   1816

Canton Schwiz.

Herr Feyerabend, Joachim, Med. Dr., in
Schwyz (Praktische Arzneykunde.)   1818
— Hediger, Heinr. Martin, Alt-Landam-
mann, in Schwyz. (Zoologie.)   1817
— Kählin, Meinrad, Capitular, Professor
der Physik und Bibliothekar zu Einsiedeln.
(Physik.)   1817
— Stutzer, Med. Dr. in Küfsnacht. (Prak-
tische Arzneykunde.)   1817

Canton St. Gallen.

Herr Aepli, Alexander, Med. Dr., Präsident
des Sanitäts-Collegiums. (Praktische Arz-
neykunde.)   1817
— Blattmann, Joseph Anton, Dechant und
Pfarrer in Bernhardzell. (Agrikultur.)   1819
— Custer, Jak. Gottlieb, Med. Dr. und
Sanitätsrath in Berneck. (Botanik.)   1817
— Eisenring, Joseph, Pfarrer in Ragatz.
(Entomologie.)   1817

Herr F e h r , Georg Conrad, Kaufmann. (Zoo-
logie.) 1819
— F o r r e r , Joh. Ulrich , Arzt in Mogelsperg.
(Agrikultur.) 1817
— G o n z e n b a c h , Carl August , Präsident
des Bezirksgerichts. (Pflanzenkultur) 1819
— G s e l l , Johannes, Med. Dr. von St. Gallen.
(Praktische Arzneykunde) 1817
— H a r t m a n n , Georg Leonhard , Sekretär
des Erziehungsrath in St. Gallen. (Conchy-
liologie , Ichthyologie.) 1816
— H a r t m a n n , Wilhelm Sohn, Kupferste-
cher in St. Gallen. (Conchyliologie , Ento-
mologie) 1816
— K a i s e r , Med. et Chir. Dr. in Gambs.
(Praktische Arzneykunde.) 1817
— M e y e r , Daniel, Apotheker und Assessor
des Sanitäts-Collegiums in St. Gallen. (Me-
teorologie , Botanik.) 1816
— M e y e r , Oberstlieutenant in Lichtensteig.
(Agrikultur.) 1817
— M o i e r , Johann Jakob, Sohn. (Allgemeine
Naturgeschichte.) 1819
— M ü l l e r - F r i e d b e r g , Carl von , Land-
ammann. (Staatswirthschaft) 1819
— N ä f , Georg , Med. Dr. und Sanitätsrath in
St. Gallen. (Praktische Arzneykunde.) 1817
— N e f f , Johannes, Med. Dr. und Appella-
tionsrath von Altstätten. (Praktische Arz-
neykunde.) 1817

Herr Oberteuffer, Johann Heinrich, Med.
et Chir. Dr. (Praktische Arzneykunde.) 1819
— Scherer, Adrian, Oberstlieutenant in St.
Gallen. (Astronomie.) 1815
— Scherer, Emil, Hauptmann in St. Gallen.
(Mineralogie.) 1816
— Scheitlin, Peter, Pfarrer und Professor
in St. Gallen. (Naturgeschichte überhaupt.) 1817
— Schneider, Joh. Jakob, Erziehungsvor-
steher in Altstätten. (Naturgeschichte über-
haupt.) 1817
— Sinz, Nepomuk, Med. Dr., Sanitätsrath
in St. Gallen. (Praktische Arzneykunde.) 1817
— Steinmüller, Johann Rudolf, Pfarrer und
Erziehungsrath in Rheineck. (Zoologie.) 1816
— Wegelin, Hieronymus, Med. Dr. und
Sanitätsrath in St. Gallen. (Praktische Arz-
neykunde.) 1817
— Wetter, Johann Joachim, Med. Dr. von
St. Gallen. (Praktische Arzneykunde, ver-
gleichende Anatomie.) 1819
— Wild, Bernhard, Med. Dr. und Sanitäts-
rath in St. Gallen. (Praktische Arzney-
kunde.) 1817
— Zollikofer, Caspar Tobias, Med. Dr.,
Appellationsrath in St. Gallen, Präsident
der Gesellschaft im Jahr 1819. (Botanik,
Mineralogie.) 1816
— Zyli, Georg Leonhard, Kaufmann in
St. Gallen. (Zoologie.) 1817

Canton Solothurn.

Herr **Glutz**, Rathsherr von Solothurn, in Bern. 1816
— **Hugy**, Franz Joseph, Lehrer am Waisenhause in Solothurn. 1819
— **Pfluger**, Apotheker in Solothurn. (Chemie.) 1817

Canton Tessin.

Sign. **d'Alberti**, Vinc. segretario die stato. (Economia politica.) 1816
— **Dossenbach**, Michaele, Benedittino à Pfeffikon. (Coltura di Pecchie.) 1818
— **Genhart**, Raphael, Bened. Bellinzon. Preposto. (Fisica.) 1818
— **Ghiringhelli**, Paulo, Bened. Bellinzon. (Fisica.) 1818

Canton Thurgau.

Herr **Brunner**, Med. Dr. in Diessenhofen. (Botanik.) 1817
— **Freyenmuth**, Regierungsrath in Frauenfeld. (Mineralogie, Technologie.) 1817
— **Kerler**, Meinrad, Conventual in Kreuzlingen. (Agrikultur.) 1817
— **Scherb**, Christian, Med. Dr., von Bischoffszell. (Praktische Arzneykunde.) 1819

2

Canton Unterwalden.

Herr M ü l l e r , Eugen, Thal-Ammann in Engel-
berg. (Geographische Gebirgskunde.)　1816
— Z e l g e r , Clemens, Med. Dr. (Praktische
Arzneykunde.)　1818

Canton Uri.

Herr L u s s e r , Med. Dr. in Altdorf. (Ornithologie , Botanik.)　1816

Canton Waat.

Mr. B a r r a u d , Benjamin, à Lausanne. (Bo-
tanique.)　1821
— B a u p , Jean-Samuel, pharmacien à Vevey.
(Chimie.)　1816
— B a u p , doct. méd. à Nion　1820
— B i s s c h o f , Charles, pharmacien à Lau-
sanne et membre du conseil de santé,
(Chimie.)　1817
— B o i s o t , Georges, chancelier du conseil
d'état à Lausanne. (Botanique.)　1817
— B o n j o u r , Jean-Etienne , à Ouchi. (Orni-
thologie , Entomologie.)　1817
— B o n j o u r , Philippe, à Ouchi. (Ornithologie.) 1817
— B r i d e l , Philippe, pasteur à Montreux et
Doyen. (Botanique.)　1816
— B r i d e l , Samuel, conseiller à la cour de
Gotha. (Botanique,)　1817

Mr. Bridel, Philippe Louis, allié Verrey. 1819

— Charpentier, Jean de, directeur des
mines à Bex. (Minéralogie et Botanique.) 1817

— Chatelanat, Louis, ministre du St. Evangile à Provence. (Entomologie.) 1816

— Chavannes, Daniel-Alexandre, membre
du grand conseil et du conseil académique,
Président de la Société en 1818. (Zoologie.) 1815

— Christinat, M. F., pasteur à Avanches.
(Culture des fleurs.) 1816

— Clavel de Brenles, Samuel, membre du
grand-conseil et du tribunal d'appel à Lausanne. (Botanique et minéralogie.) 1817

— Creux, Charles-Victor, à Lausanne,
(Agriculture.) 1819

— Crud, de Lausanne, à Genève.(Agriculture.) 1817

— Daval, Edmund à Orbe. (Science forestière) 1818

— Descombes, Henri-Salomon. Docteur en
Médec. à Lausanne. 1818

— Develey, Emanuel, professeur de mathé-
matique à Lausanne. 1817

— Dompierre, Frédéric-Rodolphe de,
lieutenant-colonel, à Payerne. (Entomologie.) 1816

— Eynard, Jacques, à Rolle. (Astronomie) 1817

— Favre, Louis-Henri, membre du grand-
conseil et directeur des Salines à Bex.
(Botanique) 1815

— Foltz, Frédéric, à Morges. (Ornithologie.) 1818

— Forel, Alexis, à Morges. (Botanique,
Ornithologie, Entomologie.) 1819

Mr. Gaudin, Jean, premier pasteur et professeur honoroire à l'académie de Lausanne, à Nion. (Botanique.) 1815

— Gay, Jacques, de Crans, à Paris. (Botanique) 1817

— Gillieron, Louis, professeur de physique de l'académie de Lausanne. 1818

— Harpe, (de la) Frédéric-César, membre du grand-conseil, conseiller intime de Sa Majesté l'Empereur de Russie, à Lausanne. (Botanique.) 1816

— Harpe, (de la) Louis-Philippe, Conseiller des mines. (Minéralogie.) 1818

— Lainés, ci-devant directeur des mines de Servoz, à Lausanne. (Botanique, Minéralogie) 1816

— Lardy, Charles, membre du grand-conseil et du conseil des mines, directeur des forêts, à Lausanne. (Minéralogie.) 1815

— de Lessert, Henri, à Lausanne. (Botanique.) 1821

— Levade, Louis, docteur en médecine à Vevey. (Minéralogie.) 1815

— Levrat, Marc-François, Medécin vétérinaire à Lausanne. 1821

— Loys, (de) ancien conseiller d'état à Lausanne. (Agriculture.) 1817

— Mathey, Jean-Daniel. Chirurgien à Lausanne. 1818

— Mayor, Jean-Daniel, docteur en médecine et chirurgie à Lausanne. 1818

Mazelet, J. Hue, docteur en médecine à Morges. 1818

Mr. **Mellet**, Louis, ministre du St. Evangile à
Vallorbes. (Entomologie.) 1819

— **Mercanton**, de Cully, élève de l'école
des mines à Paris, à Lausanne. (Minéralogie et chimie.) 1817

— **Monnard**, Principal du collège d'Orbe.
(Botanique.) 1820

— **Monney**, V. D. M. de Vevey. (Economie
rurale.) 1818

— **Monod**, Henri, de Morges, conseiller
d'état, Landammann. (Economie générale.) 1818

— **Nicati**, N. G., docteur en médecine à Vevey. 1818

— **Nicod-de Lom**, à Vevey. (Meteorologie.) 1820

— **Perey**, Louis, docteur en médecine à
Lausanne. 1818

— **Perret**, Charles, docteur en médecine à
Lausanne. 1818

— **Pichard**, de Lausanne, ingénieur des
ponts et chaussées. (Minéralogie.) 1817

— **Reynier**, Louis, ci-devant conseiller
d'état, directeur-général des eaux et forêts
du Royaume de Naples. Intendant des
Postes à Lausanne. (Botanique.) 1817

— **Reynier**, Emile, fils. (Botanique.) 1818

— **Rigot**, Philippe, à Begnines. (Geologie) 1818

— **Roger**, capitaine de génie de la confédé-
ration. 1820

— **Salloz**, à Moudon, art vétérinaire 1820

— **Scholl**, Frédéric, docteur en médecine à
Lausanne. 1818

Mr. Schwarz, Jean, docteur en médecine, à Lausanne. 1818

— Secretan, Louis, conseiller d'état. (Botanique) 1817

— Struve, Henri, professeur de chimie à Lausanne, intendant-général des salines. (Minéralogie et chimie.) 1815

— Tardent-Grandjean, à Vevey. (Botanique.) 1818

— Tomas, Louis, de Bex, inspecteur des eaux et forêts du Royaume de Naples. (Botanique et minéralogie.) 1817

— Thomas, Emanuel, à Bex. (Botanique et minéralogie.) 1815

— Tissot, Rodolfe-Frédéric, docteur en médecine à Moudon. 1818

— Venel, Henri, d'Orbe. (Histoire naturelle technologie.) 1819

— Verdeil, François, docteur en médecine, viceprésident du conseil de santé, à Lausanne. (Pratique médicale.) 1817

— Verdeil, Auguste, fils, docteur en médecine à Lausanne. (Geologie.) 1818

— Vuitel, Charles, pasteur à St. Croix. (Ornithologie.) 1817

— Wyder, controleur des postes à Lausanne. (Amphibiologie.) 1815

— Zink, Jean-Pierre, à Lausanne. (Médecine et chirurgie.) 1821

Canton Wallis.

Mr. G a y , J., docteur en médecine à Sion.
(Médecine pratique.)   1817
— d e R i v a z , grand Baillif du Vallais.
(Economie générale.)   1820
— T e n e n , V. D. M., de Münster. (Bota-
nique.)   1818
— V e n e t z , inspecteur des chaussées à Sion.
(Botanique, conchiliologie.)   1816

Canton Zug.

Herr B a u m g a r t n e r , Med. Dr. in Cham.
(Praktische Arzneykunde.)   1817
— S t a d l i n , Med. Dr. in Zug. (Naturge-
schichte überhaupt.)   1817

Canton Zürich.

Herr v. C l a i r v i l l e , aus England , gegenwärtig in Winterthur. (Entomologie, Botanik.)   1815
— E b e l , J. G. Med. Dr. von Frankfurt an der
Oder, gegenwärtig in Zürich. (Geognosie.)   1816
— E g g , Heinrich , Med. Dr. von Ellikon.
(Praktische Arzneykunde.)   1819
— E s c h e r , Hans Conrad , Staatsrath , Director der Lintharbeiten. (Minéralogie , Geognosie.)   1816

Herr E s c h e r, Hans Caspar, Sekretär der Fi-
nanzcommission. (Meteorologie.). 1816
— E s c h e r, Hans Caspar, Architekt und
Kaufmann. (Physik.) 1816
— E s c h e r, Heinrich, Forstinspektor. (Forst-
kunde.) 1817
— E s c h e r, Heinrich, Kaufmann. (Ento-
mologie.) 1816
— F ä s i, Hans Caspar, Obergerichtschreiber.
(Agrikultur.) 1817
— F e h r, Johannes, Ingenieur und Fortifi-
kations-Inspektor. (Physik, Astronomie.) 1816
— G u t m a n n, Pfarrer in Greiffensee. (Phy-
sik.) 1817
— H a n h a r d, Joh., Pfarrer und Oberlehrer
in Winterthur. (Naturgeschichte über-
haupt.) 1817
— H e g g e t s c h w e i l e r, Med. Dr. in Stäfa.
(Botanik.) 1816
— H i r z e l, Hans Caspar, Oberforstinspek-
tor. (Forstkunde.) 1817
— H i r z e l, Hans Caspar, im Hegibach bey
Zürich. (Mineralogie.) 1816
— H i r z e l, Caspar. (Astronomie) 1821
— H o r n e r, Hans Caspar, kaiserl. russi-
scher Hofrath, Professor der Mathematik.
(Astronomie., Physik.) 1816
— H o t t i n g e r, Heinrich, Staatsschreiber.
(Physik.) 1817
— I r m i n g e r, Hans Jakob, Cantons-Armen-
Apotheker. (Chemie.) 1816

Herr K e l l e r , Leonhard, Professor der Mathe-
    matik.   1816
— K ö c h l i n, Joh. Rudolf, Med. D. (Prak-
    tische Arzneykunde.)   1818
— L a v a t e r , Diethelm , Med. Dr. , Raths-
    herr. (Chemie, Mineralogie.)   1816
— L a v a t e r , Diethelm, Med. Dr. (Prakti-
    sche Arzneykunde.)   1817
— L o c h e r , Hans Jakob , Med. Dr., Stadt-
    arzt. (Praktische Arzneykunde.)   1817
— M e y e r , Joh. Ludwig , Med. Dr. , Spital-
    arzt. (Praktische Arzneykunde.)   1817
— M e y e r , Joh. Ludwig , von Knonau, Raths-
    herr. (Agrikultur.)   1817
— M e y e r , Joh. Ludwig, französischer Pfar-
    rer. (Physik)   1817
— N ü s c h e l e r , David, Ingenieur und Kauf-
    mann. (Mathematik.)   1817
— O t t , Philipp. (Entomologie.)   1816
— P e s t a l u t z , Hans Jakob, Staatsrath.
    (Physik, Mathematik.)   1817
— P e s t a l u t z, Heinrich, Ingenieur. (Ma-
    thematik.)   1817
— R a h n , David , Med. Dr. , Archiater.
    (Praktische Arzneykunde.)   1817
— R o r d o r f , Hans Rudolf, Pfarrer zu Seen.
    (Entomologie.)   1817
— S c h i n z , Christoph Salomon, Med. Dr.,
    Chorherr. (Botanik, Chimie.)   1816
— S c h i n z , Heinrich Rudolf , Med. Dr.,
    Bezirksarzt. (Zoologie.)   1816

Herr Schulthefs, Paulus, Stadtrath. (Ento-
mologie.) 1816
— Schulthefs, Leonhard, Kaufmann. (Bo-
tanik.) 1816
— Steiner, Emanuel, Med. Dr., Raths-
herr von Winterthur. (Praktische Arzney-
kunde.) 1817
— Sulzer, Kaufmann, in Winterthur. (En-
tomologie.) 1816
— Sulzer, Joh. Jakob, Lehrer der Mecha-
nik in Winterthur. (Mathematik.) 1817
— Usteri, Paulus, Med. Dr., Staatsrath,
Präsident der Gesellschaft im Jahr 1817.
(Allgemeine Naturkunde, Botanik.) 1816
— Zeller, Johannes, Cantonsrath, Schön-
färber. (Chemie.) 1816
— Ziegler, Jakob, zum Steinberg in Win-
terthur, Cantonsrath. (Ornithologie, Che-
mie.) 1816
— Ziegler, Joh. Jakob, Chirurg. Dr. in
Winterthur. 1819
— Zundel, David, Med. Dr., Poliater.
(Praktische Arzneykunde.) 1818

Auswärtige Ehrenmitglieder.

Erwählt

Herr **Ampère**, Professor der Mathematik zu
Paris. 1821
— **Antinori**, Ritter zu Florenz. 1821
— **Arfwedson**, Aug., in Stokholm. 1819
— **Balbis**, Joh. Baptist, Professor der Botanik, von Turin. 1819
— **Bardi**, Graf, zu Florenz. 1821
— **de la Beche**, von London. 1820
— **Berzelius**, J. Jakob von, Professor der Medizin und Pharmacie, beständiger Sekretär der königlichen Akademie der Wissenschaften zu Stokholm. 1819
— **Beudant**, Aufseher des königlichen Kabinets in Paris. 1817
— **Biot**, Professor der Mathematik zu Paris. 1820
— **Blumenbach**, Joh. Friedrich, Hofrath und Professor der Naturgeschichte in Göttingen. 1818
— **Bonjean**, Joseph Ludwig, Apotheker und Botaniker von Chambery. 1818
— **Bouward**, Ritter, Mitglied der königlichen französ. Akademie der Wissenschaften und Direktor des Observatoriums in Paris. 1818
— **Bonnelli**, Franz Andreas, Professor der Zoologie in Turin. 1818

Herr Gilbert, Professor der Physik zu Leip-
zig. 1820

— Gillet de l'Aumond, Mitglied der
Bergwerksschule in Paris. 1818

— Gmelin, grofsherzoglich-badischer Geheimerrath und Professor in Karlsruh. 1819

— Greenough, Präsident der geologischen
Societät zu London. 1820

— Hamel, M. D. Conseiller de Sa Majesté
l'Empereur des Russes. 1820

— Hauy (Abbé) Mitglied der königl.
französ. Akademie der Wissenschaften und
Professor der Mineralogie in Paris. 1818

— Hausmann, Professor der Philosophie
in Göttingen. 1816

— Hoffmansegg, Professor zu Berlin. 1820

— Heuland, J. C. Sekretär der geologischen Societät zu London. 1820

— Hooker, Wilhelm Jakson, von Heli-
warth. 1818

— Humboldt, Alexander von, König-
lich-preussischer Kammerherr aus Berlin. 1817

— Kielmeyer, C. F., Med. Dr., Staatsrath und Professor in Tübingen. 1817

— Ladomus, Professor der Mathematik in
Karlsruh. 1819

— Leonhard, Karl Cesar, Professor der
Mineralogie in Heidelberg. 1818

— Lichtenstein, Professor zu Berlin. 1820

— Lindenau, Baron von, herzoglich-

Sachsen-Gothaischer Kammerherr, Direktor der Sternwarte in Seeberg. 1819

Herr Link, H. F. Professor der Arzneykunde
zu Berlin. 1821

— Lupin, Baron von, auf Illerfeld 1821

— Macculloch, Präsident der geologischen
Societät. 1820

— Mackenzie, Georg Stuart, Präsident
der naturwissenschaftlichen Klasse der
königl. Gesellschaft zu Edinburg. 1818

— Marryat, Friedrich, königl. grofsbritt.
Seeofficier. 1818

— van Marum, Professor der Physik zu
Haarlem. 1821

— Mayer, August Karl, Med. Dr., Professor der Anatomie und Physiologie in
Bonn. 1815

— Martin, Pfarrer in Eixel im Breisgau. 1817

— Meyer, Bernhard, Med. Dr., fürstlich
Isenburgischer Hofrath. 1819

— Meyer, Georg. Fried. Willh. Professor
zu Göttingen. 1820

— van Mons, Professor der Physik und
Chemie zu Gent. 1821

— Muther, Med. Dr. von Koburg. 1819

— Naumann, Joh. Andreas, Vater, Oberförster in Zirbigk bey Cöthen. 1819

— Naumann, Friedrich, Sohn, Oberförster
in Zirbigk bey Cöthen. 1819

— Nees, von Esenbeck, Präsident der

Kaiserl. Leopoldin. Akademie; Professor
der Botanik in Bonn.   1819
Herr Oersted, Professor zu Kopenhagen.   1821
— Owen, Robert.   1818
— Petersen, Major von, von Husum.   1819
— Ridolfi, Marquis, zu Florenz.   1821
— Sari, Gaetano, Professor zu Pisa.   1820
— Schlotheim, Baron von, Geheimerrath
und Kammer-Präsident in Gotha.   1818
— Schrader, J. C. C. Apotheker u. Ober-
medicinal-Assessor in Berlin.   1820
— Schübler, M. D. Professor in Tübingen.   1816
— Stein, Apotheker in Frankfurt.   1820
— Sebrigth, Joh., Parlamentsglied in Lon-
don.   1816
— Sekendorf, Freyherr von, aus Karls-
ruh, in Zürich.   1817
— Skrodzky, Carl, Professor der Physik
in Warschau.   1816
— Sömmering, Samuel Thomas von, Ge-
heimerrath und Mitglied der königl. bair.
Akademie der Wissenschaften.   1819
— Sprengel, Kurt, Professor der Botanik
in Halle.   1819
— Temmink, C. J., in Amsterdam, Ritter,
Direktor des königl. Museums der Natur-
geschichte.   1818
— Thilo, Professor der Mathematik in
Frankfurt am Mayn.   1817
— Tiedemann, Professor in Heidelberg.   1821

Herr **Treviranus**, Ludolph Christian, Med.
Dr., Professor der Botanik in Breslau. 1818
— **Trommsdorf**, Joh. Bartholome, Professor der Chemie in Erfurt. 1818
— **Venturi**, Joh. Baptist, Professor und vormaliger königlicher Geschäftsträger in der Schweiz. 1817
— **Viviani**, Dominikus, Professor der Botanik in Genua. 1819·
— **Vogel**, August, Dr., Mitglied der Akademie der Wissenschaften in München. 1818
— **Wahlenberg**, Med. Dr, Professor der Botanik in Upsala. 1817
— **Weifs**, Chr. Sam. Professor der Mineralogie in Berlin. 1820
Prinz von **Wied**, **Neuwied**, Maximilian. 1818
Herr **Wild**, Mich. Friedrich, grofsherz. Badenscher geheimer Hofrath, zu Müllheim im Breisgau. 1821
— **Zach**, Freyherr von, Generalmajor, herzoglich - Sachsen - Gothaischer Oberhofmeister. 1819

Gestorbene Mitglieder.

Herr Gosse, Heinrich Albrecht, von Genf.
— Morell, Professor der Chemie, Apotheker
von Bern.

1816 — 1817.

Herr Hirzel, Hans Caspar, Med. Dr., Archiater,
Stifter und Präsident der Hülfsgesellschaft in
Zürich.
— Odier, Ludwig, Med. Dr. von Genf.

1817 — 1818.

Herr Amstein, Med. Dr. von Zitzers.
— Salis, Carl Ulisses, von Marschlins.

1818 — 1819.

Herr Lavater, Joh. Heinrich, Med. Dr. von Zürich.
— Marti, Johannes, Med. Dr. von Glarus.
— Römer, Jakob, Med. Dr., Sanitätsrath von
Zürich.
— Ziegler, Joh. Heinrich, Med. Dr. Altsekel-
meister von Winterthur.

1819 — 1820.

Herr Banks, Joseph, Präsident der königl. Societät in London.
— Fisch, Johannes, von Herisau, Landsekelmeister und Director der Waisenanstalt.
Mr. Jurine, professeur de chirurgie, de Genève.
— Prevost, Isaac-Benedict, de Genève, professeur à Montauban.

1820 — 1821.

Mr. Tingry, pharmacien, à Genève.

II.

EXTRAITS DES PROTOCOLES.

A. *Quatrième séance à Genève,* 1820. *Juill.* 28.

a. L'article II. des statuts de la société, concernant la réception des nouveaux membres, reçoit la modification suivante :

> Les membres, présentés par le comité pour la réception, ne pourront l'être que lorsqu'ils seront proposés par la société cantonale d'histoire naturelle ou de physique, et s'il n'y en a pas une, par un membre qui s'adressera à cet effet par écrit et un mois d'avance au président.

b. La charge de caissier devant être séparée de celle de secrétaire, Monsieur de Candolle banquier, résidant à Genève, voulant bien se prêter aux affaires de comptabilité :

> Monsieur de Candolle est nommé trésorier de la société.

c. L'accroissement, que la bibliothèque de la société commence à prendre, ayant rendu indispensable un dépôt fixe pour cette bibliothèque, dans un lieu central de la Suisse :

> La ville de Berne est choisie pour le lieu du dépôt.

B. *Troisième séance à Basle*, 1821. *Juill.* 25.

Le règlement pour les Archives ou la Bibliothèque de la société déposée à Berne, que Monsieur
le pasteur Wyttenbach a eu la bonté de rédiger,
étant proposé par le comité avec quelques petits
changemens :

En remerciant Monsieur Wyttenbach,
la société agrée ce règlement et en ordonne
l'impression conjointement avec l'inventaire des
Archives, pour être distribué à tous ses membres.

III.

RÈGLEMENT

POUR LES ARCHIVES CENTRALES DE LA SOCIÉTÉ HELVÉTIQUE DES SCIENCES NATURELLES.

I. *But et Organisation.*

1.

Tous les livres, écrits, mémoires, et autres objets que la société possède actuellement, de même que ceux qu'elle pourra recevoir dans la suite à titre de don, ou de toute autre manière, seront déposés dans des Archives centrales.

2.

Ces Archives recevront une organisation propre à faciliter l'usage des objets qu'elles renferment, usage auquel ont droit tous les membres de la société.

3.

La ville de Berne est choisie pour le dépôt de ces Archives. La société des Naturalistes de cette ville en confiera la direction à un comité spécial. La société helvétique est redevable à la louable direction de la Bibliothèque de Berne d'un local pour ses Archives, dans le bâtiment du musée cantonal.

4.

Le nom du directeur des Archives centrales sera, à chaque changement, porté à la connoissance des membres de la société, afin qu'ils sachent à qui s'adresser en cas de besoin. Le directeur actuel est Monsieur **J. S. Wyttenbach**, pasteur de l'église du St. Esprit de Berne.

5.

Le comité directorial a la compétance de soigner tout ce qui concerne les Archives, de faire relier proprement les livres, et à porter sur le compte de la société les ports et autres dépenses que nécessite l'entretien des Archives.

6.

Un catalogue exact de tous les objets en dépôt sera imprimé, et distribué aux membres de la société. A mesure que les Archives recevront des accroissements, il en sera donné connoissance aux membres de la même manière.

7.

Tous les livres, brochures et manuscrits seront marqués d'un sceau comme propriété de la société.

II. *Accroissement des Archives.*

1.

La société ordonne le dépôt régulier dans ses Archives :

a. Des rapports présentés chaque année par les sociétés cantonales.

b. Des dissertations manuscrites que leurs auteurs voudront bien lui confier.

c. Des lettres qui sont adressés à la société soit par ses membres, soit par d'autres personnes, ou qui sont pour elle d'un intérêt particulier.

d. De quelques exemplaires de toutes les pièces dont la société a ordonné l'impression.

2.

La société, qui a déjà reçu des dons importants de plusieurs de ses membres, ainsi que de quelques autres amis et protecteurs, espère que ses membres ordinaires voudront bien enrichir ses Archives des livres ou des écrits moins étendus qu'ils publieront sur des objets relatifs aux sciences naturelles.

3.

La société desire que les sociétés cantonales, ou quelques-uns de leurs membres, s'occupent à rassembler pour les Archives une collection complète de ce qui paroît annuellement dans leur canton de relatif aux sciences naturelles, à leur application et aux diverses institutions qui y ont rapport: comme brochures, publications, loix sanitaires, et autres actes ou pièces détachées.

4.

Elle desire de plus que les membres qui auront présenté des dissertations dans les sessions annuelles, veuillent bien en déposer l'original ou la copie dans les Archives, sous l'assurance qui leur est donnée qu'aucune partie n'en sera livrée à l'impression sans leur autorisation expresse.

5.

La société desireroit enfin rassembler peu-à-peu la collection des portraits de ses membres, et, selon que l'occasion s'en présentera, ceux d'autres naturalistes distingués, si cette collection pouvoit se former par voie de dons plutôt que par voie d'achat.

III. *Usage des Archives.*

1.

Chaque membre a le droit, sous sa responsabilité, d'user des livres et manuscrits qui se trouvent dans les Archives.

2.

Tout membre qui desire la communication d'un objet quelconque déposé dans les Archives, doit adresser sa demande au directeur des Archives dans une lettre affranchie accompagnée d'un reçu en forme.

3.

Aucun livre ou manuscrit ne peut-être gardé plus de deux mois. Au bout de ce temps, il doit être renvoyé, franc de port, aux Archives.

4.

Après la rentrée de l'objet dans les Archives, le reçu fourni par le membre lui est renvoyé.

5.

Il ne peut-être fait, sans le consentement de l'auteur, aucun usage public du contenu d'un manuscrit pris dans les Archives.

IV.

Erstes Inventarium
des Archives.

1 8 2 1.

1. Abhandlung über das Klima der Alpen. 1818. Mss.
2. Acta nova phys. med. acad. Cæsareæ Leopold. Carolinæ naturæ curiosorum, c. fig. T. X. p. 1. Bonnæ 1820. 4°.
3. Bernoulli, Christ., Grundrifs der Mineralogie. Basel 1821. 8°.
4. Bourdet, mémoires sur les qualités et les connoissances que doit avoir un naturaliste voyageur. Suivi d'un traité de Taxidermaie. Berne. 1820 8°. av. fig.
5. Bridel, Phil., essai statistique sur le Canton du Vallois. 12°.
6. Chossat, Charl., mémoire sur l'influence du système nerveux sur la chaleur animale. Paris 1820. 4°.
7. Colladon, Th. Fr., histoire nat. et médicale des Casses. c. 20 Tab. Montpellier 1816. 4°.
8. Construction économique des Toits pour les édifices, terrasses, ponts, bassins etc. par l'emploi du mastic bitumineux. Bordeaux 1819. 4°.

9. Description des mines de fer dans le Canton de Schaffhouse. Mss.

10. Discours d'ouverture des sessions de la société 1817, 18, 19, 20, 21. 8°.

11. Escher, Hs. Casp., meteorologische Erörterungen. 4°.

12. Falckner, J. L., über die Verhältnisse und Gesetze wonach die Elemente der Körper gemischt sind. Basel 1819. 8°.

— Fischer, Stahlfabrike. V. Pictet.

13. Garlieb, G., Island, rücksichtlich seiner Vulkane, heisser Quellen etc. Freyberg 1819. 8°.

14. Gilleron, Profess., sur l'application que nos connoissances actuelles nous permettent de donner des phénomènes qui ont lieu dans l'atmosphère. Lausanne 1818. Mss. Extrait fait de M. Pictet de l'original de 306 p. 4°.

15. Hagenbach, D. Carl Fried., tentamen Floræ Basileensis. Vol. 1. Basil. 1821. 8°.

— Klima der Alpen. V. Abhandlung.

* 16. Krüsi, Herm., Züge des Bildes von Erziehungsanstalten für arme Kinder, als Pflanzschule für Volkslehrer. 8°.

17. Lauterbrunnen, Bleibergwerke. Sammlung von Schriften, welche die Geschichte derselben betreffen.

18. Lectures élémentaires pour les enfans, trad. de l'italien par M. A. Pictet. Genève 1821. 12°.

19. Leonhard und Vogel, mineralog.-chem. Untersuchungen des Triphans und Tantalits. München 1818. 4°.

20. **de Luc**, Jean-André, mémoire sur la chaleur intérieure de la terre. 1821. 4°. Mss.

21. **Meisner**, Fried., Museum der Naturgesch. Helvetiens, mit Abbild. 1—12^s Heft, oder 1^r Band. Bern 1807—20. 4°.

22. ———— naturwissenschaftlicher Anzeiger, 1—4^r Jahrg.

23. **Merian**, Peter, Uebersicht der Beschaffenheit der Gebirgsbildungen in den Umgebungen von Basel. Basel 1821. 8°.

24. **Meyer**, G. F. Primitiæ Floræ Essequeboensis, c. 2 Tab. Götting. 1818. 4°.

* 25. **Pictet**, M. A., notice sur l'acier fondû de la fabrique de M^r.Fischer à Schaffhouse. 1820. Mss.

26. **Prevost**, Bénéd., mémoire sur la cause immédiate de la carie des blés, et sur les préservatifs. Paris 1807. 8°.

27. **Prevost**, Pierre, notice de la vie et des ouvrages de Ben. Prevost. Genève 1820. 8°.

28. **Prospectus** etc. pour la manufacture des vis-à-bois, et de tous les articles qui appartiennent au taraudage, établie à Versoix. 1819. 8°.

29. **Reynier**, L., de l'économie publique et rurale des Arabes et des Juifs. Genève 1820. 8°.

30. **Schärer**, Ludw. Eman. umbilicariæ helveticæ. Genev. 1821. fol. max. c. fig. pictis.

— Schaffhausen. Eisenbergwerke. V. Description.

31. **Schlotheim**, E. F. Baron v., die Petrefactenkunde, erläutert durch die Beschreib. seiner Sammlung fossiler Ueberreste des Thier- und Pflanzenreiches. Gotha 1820. gr. 8°. m. Kpf.

32. **Stadlin**, D. Fr. Karl, Geschichte des Cantons
Zug. 1r Band. Lucern 1821. 8°. mit Kupf.

* 33. **Studer**, Sam., systematisches Verzeichnifs
der bis izt bekannt gewordenen schweizer-
schen Conchylien. Bern 1820. 8°.

34. **Trechsel**, Fried., Beschreibung und Ver-
gleichung Bernerscher Maafse und Gewichte.
Bern 1821. 8°.

35. **Venturi**, G., memorie e lettere inedite finora
o disperse di Galileo Galilei. Modena
1818. 4°.

36. **Vogel**, A., analytische Versuche über Weizen,
Hafer und Reis, mit Betrachtung über die
Brod-Gährung und die chemische Natur des
Brodes. München 1818. 4°.

* 37. **Vogel und Sömmering**, Versuche über die
Schwefelsäure mit Beziehung auf die Mekon-
säure und Morphium. 1818. 8°.

— **Vogel**. V. Leonhard.

38. **Wild**, M. F., über allgem. Maas und Gewicht,
mit Vorschlägen zu mittlern Maasen u. Gew.
Freyburg Breisg. 1800. 2 Bde. 8°.

* 33. ———— Bemerk. zu dem was über das badi-
sche Gewicht in der ersten badischen Stände-
versammlung 1819 vorgekommen. Freyb.
1820. 8°.

* 40. ———— von der Eintheilung der kleinern Gew.
des Kilogrammes und badischen neuen Pfun-
des und vom Juwelen-Gewicht. Carlsruhe
1816. 8°.

* 41. **Wild**, M. F., vom Zwölfersystem zum Zählen u. Rechnen, verglichen mit dem Zehnersystem. Freyb. 1813. 8°.

42. ———— Anleitung zur Decimalbruchrechnung, angewandt auf zehntheil. Maase u. Gewicht. Carlsr. 1812. 8°.

* 43. ———— das A. B. C. der Decimalbruch-Rechnung. Freyb. 1818. 8°.

44. **Wyttenbach**, Jak. Sam., Beschreibung einer Reise von Bern nach Lauterbrunn, nebst einer Sammlung von Alpenansichten aus den Gegenden von Thun, Lauterbrunn, Grindelwald, Grimsel etc.

Portraits.

1. H. A. **Gosse**, Stifter der Gesellschaft. Lithogr.
2. J. S. **Wyttenbach**, Mitstifter, und Präs. 1815 und 1816.
3. J. S. **Sprünglin**, verdienstvoll um die Naturgeschichte des Vaterlandes.

Die mit * bezeichneten Nummern sind nur kleine Brochüren, oder nur wenige Blätter enthaltende Mss.

Par erreur typographique la feuille 2 de ce recueil, porte à la première page, le chiffre 33 au lieu de 17, et ainsi de suite jusqu'à la fin.